D. Tonn

der_bunte_bleistift

Zwischen den Zeilen

Herausgegeben von Bernhard Conrad

Bibliografische Information der Deutschen Nationalbibliothek:
Die Deutsche Nationalbibliothek verzeichnet diese Publikation in der
Deutschen Nationalbibliografie; detaillierte bibliografische Daten sind im
Internet über dnb.dnb.de abrufbar.

1. Auflage © 2025 D. Tonn
Bilder, Fotos, Zeichnungen © 2022 bis 2024 by D. Tonn
D. Tonn ist der-bunte-bleistift
Herausgeber: Bernhard Conrad
Lektorat: Bernhard Conrad
Satz und Layout: Bernhard Conrad
Covergestaltung: © 2025 D. Tonn und Bernhard Conrad
Verlag: BoD ·Books on Demand GmbH, In de Tarpen 42, 22848
Norderstedt, bod@bod.de
ISBN: 978-3-8482-2326-8
Druck: Libri Plureos GmbH, Friedensallee 273, 22763 Hamburg
Printed in Germany

Für alle, die zwischen den Zeilen lesen können,
die Poesie in den kleinen Dingen finden
und den Mut haben,
bunte Spuren in eine graue Welt zu zeichnen.

Für die Träumer und Denker,
für die Suchenden und Finder,
für all jene, die zwischen den Zeilen
Worte entdecken und im Schweigen
Geschichten hören.

Möge dieser Gedichtband
wie ein bunter Bleistift sein –
sanft, klar, und immer bereit,
die Welt ein Stück lebendiger zu machen .

Inhalt

Zum Geleit

Als ich die Zeilen *des-bunten-Bleistifts* in einer Kunstausstellung entdeckte, zusammen mit einigen der hier ebenfalls veröffentlichten Zeichnungen, hatte ich das Gefühl, ein Potential zu erkennen, welches einer größeren Leserschaft zugeführt werden sollte.

Wer hier allerdings „traditionelle" Gedichtformen erwartet, dürfte enttäuscht werden: nur selten schimmern Reimgebilde durch, Rhythmik erschließt sich dem Leser nicht in gewohnter Manier - die Zeilen der Gedichte erscheinen jung, unstet, in eine noch ungewisse Zukunft weisend, manchmal noch nicht „ganz fertig". Aber sie lassen den Leser niemals allein, geben Hoffnung auf die weitere Entwicklung Tonns, einem noch jungen Künstler, der die Welt der Bilder mit der Welt der Worte zu verbinden versucht.

Es ist ein Erstlingswerk. Ich habe dabei keine Perfektion erwartet, jedoch beratend zur Seite gestanden, manchmal Formen des Gedichts vertiefend, Umstände erläuternd, dem Autoren Sichtweisen näher bringend.

Für den Leser ist es eine Entdeckungsreise in eine junge Welt voller Zweifel und Hoffnungen, die uns „alte Hasen" an unsere Jugend erinnern läßt. Der Leser sollte hier also nichts „Fertiges" erwarten, sondern sich einlassen.

D. Tonn sagte mir einmal zu seinen Gedichten:

„Manchmal sind es nicht die Worte selbst, welche die tiefste Bedeutung tragen, sondern das, was in den Zwischen(t)räumen liegt – jenes Unausgesprochene, das Gefühl, welches zwischen den Zeilen schimmert.

Wir sollten dem lauschen, was in der Stille zwischen den Worten verborgen liegt, dem Flüstern der Gedanken, die sich nicht in klare Sätze fassen lassen. Manchmal führen sie ins Offene, manchmal in verborgene Winkel der Seele. Sie sprechen von Sehnsucht, von Hoffnung, von dem, was war und unwa(h)r erscheint und von dem, was uns jeden Tag umgibt, oft ohne dass wir es bemerken.

Die Gedichte sind Fragmente einer Reise – einer Reise durch Stimmungen, Erinnerungen und Träume. Die wahre Essenz jeder Zeile entfaltet sich erst im Zwischenraum, dort, wo das Unausgesprochene seine eigene Poesie webt.“

In diesem Sinne hoffe ich, dass Sie diese Zwischenräume entdecken und an den Sorgen, Nöten und Hoffnungen einer jungen Generation teilhaben können.

Bernhard Conrad
Chemnitz, im Januar 2025

der_bunte_bleistift

der_bunte_bleistift – 1095 Tage

Ich erzähle es wie ein Märchen:

Es war einmal vor nicht allzu langer Zeit
Vor 1095 Tagen
Da wurde der_bunte_bleistift
geboren

Doch ich gab mir selbst das Versprechen
Die Zeit hier ist endlich
Nein, ich hab's nie vergessen!

Manchmal war ich sauer
manchmal traurig
Manchmal war ich freundlich
manche waren es nicht!
Manchmal verzeih ich...
Warum? Ich weiß es nicht!
1095 Tage...und was bin ich?
Bin ich Picasso?
Bin ich nicht!
Nein, ich bleib der_bunte_bleistift!
Ja, das ist meine Kunstfigur!
Kunst!
Deshalb bin ich hier!

Und ja
das Bild hier ist
Schwarz und Weiß...
So wie die Satire Charlie Chaplins
aus den 40ern über die Nazizeit!
Doch ich bin kein Kind
der dunklen Nacht!
Ich bleib ein Kind
der bunten Farben...

Und wenn er nicht gestorben ist...
Dann erfreut sich der bunte Stift
am BUNTEN LICHT!"
1095 Tage...

Das Ende ist der Anfang
Aber was für Schwarz und Weiß?
Ich weiß....
Schaut man das Bild an...
„der_graue_bleistift"...
Aber seht mal
da kommt die bunte Farbe durch
Es ist VERGANGENHEIT!
Ich wurde gehasst
und ich werde geliebt...
Ja, manches
tat mir weh
Ich hatte Heimweh...

Das ENDE ist der Anfang
der Kreislauf des Lebens...
Das LEBEN ist der Anfang
ein Weg ins Neue...
Ein Versprechen
das die Zeit erreicht!

Aber egal was passiert
ich weiß auch
dass wir nicht ewig Leben!
Ich kann das hier nicht ewig tun!

Aber tu das, was dich erfüllt!
Am Ende blickst du zurück
auf das
was du getan hast!
Oder auch nicht

Und was tu ich?
Nun, ich tu andere Dinge
Woanders
Aber hier tu ich, was ich immer tu...
Und so male ich weiter
BUNTE Geschichten
Es kann nur einen geben!
BUNT...BUNTER...
Der WAHRE ... der ECHTE...
Seit 1095 Tagen

Ich bin der_bunte_bleistift
Was ist deine Geschichte?

Der unsichtbare bunte Geist

Ich kann es immer noch nicht richtig begreifen
Es war dunkel
Es quietschen Reifen
Es ging ganz schnell
Draußen
es war nicht mehr hell
Ich erinnere mich nur noch ganz
verschwommen
Ich bin immer noch ganz
benommen
Der Baum mit seinem dicken Ast
Für mich
für mein Auto
eine zu große Last

Ich sah meinen Körper
Dieser lag regungslos da
Ich stand daneben
Keiner sah mich
weil ich unsichtbar war
Ein Unglück
bei dem ich so plötzlich starb
Aber irgendwie auch nicht
Weil ich immer noch hier stehe
Ich hatte noch eine Mission
bevor ich endgültig gehe

Meinem Mädchen zu sagen
wie sehr ich sie liebe
Ich habe die Befürchtung
sie weiß es nicht genug
Ohne diese Worte zu gehen?

völliger Unfug

Schatz
Ich möchte nicht stören
kannst du mich überhaupt hören?
Kannst du mich noch sehen?
Ich kann es immer noch nicht richtig verstehen
Du hast keine Ahnung
dass du es weißt
Ich kann dich sehen
verstehen
Du nicht
denn ich bin ja nur

ein unsichtbarer Geist

Wie sehr wünscht' ich mir
noch einmal deine Haut zu spüren
Deine Hände ganz fest zu halten
Sie zu legen
die Deine in meine
Sie loszulassen
kam viel zu früh
Sie noch einmal zu greifen
Ist es wirklich schon zu spät?

Kannst du mich wirklich nicht spüren?
Ach hätte ich noch diesen einen Wunsch frei
Das bleibt mir aber wohl verwehrt
Ich bin ja leider kein Flaschengeist
Du hast keine Ahnung
dass du es weißt
Ich kann dich sehen
Du nicht
denn ich bin ja nur

ein unsichtbarer Geist

Ich male mir dein weiteres Leben aus
Wirst du einen anderen Mann heiraten
mit Kindern und einem Haus?
In meinem Kopf solche Qualen
Ich möchte das du glücklich wirst
Aber nicht ohne dir
"Ich liebe dich"
zu sagen
Doch muss ich mir eingestehen
dass sich mein letzter Wunsch
wohl nicht mehr erfüllt
Es läuft nicht immer so

wie man es sich wünscht

Man wünscht sich
dass es für immer hält
Ohne dich
lebe ich in einer stillen Welt
Es ist okay
Dann lege ich mich eben so zur Ruh'
Dann schaue ich dir
in deinem weiteren Leben

ganz still von oben zu
Gott allein weiß nur
was gut für uns beide ist
Obwohl mich dieser Gedanke innerlich auffrisst
Du hast keine Ahnung
dass du es weißt
Ich stehe neben dir
Sage:
"Ich liebe dich“
Du hörst mich nicht
Klar,
denn ich bin ja nur

ein unsichtbarer Geist

Ich will doch nur
das du weißt
ich habe dich immer noch lieb
Neben dir
für mich niemals eine andere gibt
Und ich sah dich
du liefst zu meinem Grab
Deine Tränen
Ich sah sie wieder
legtest dabei rote Rosen
auf meinem bunten Fels
mit meinem Namen drauf nieder
Ich hörte wie du sagtest
„Schatz
Ich werde dich immer lieben
In meinem Herzen wirst du immer weiter leben“

„Ruh in Frieden“

Diese Worte
Die Sonne schien
Für mich
die schönsten Melodien
Und der Wind
trägt die Blätter und
eine Rosenblüte fort
Der Tod
mehr als nur ein Wort
Ich kann es endlich ertragen
dir leb' wohl zu sagen
Deine Tränen
Ich sah sie wieder
Ich muss jetzt gehen
nicht später
Bitte verzeih' mir
meine Fehler
Ich wünscht' mir
der guten Zeiten Willen
ihr werdet an meinem Grab stehen
und lachen

Die, die mich lieben
und die, die mich hassen
Ich weiß, dass du es weißt
Wir sehen uns wieder
In einer anderen Welt
im Jenseits

Ich bin der unsichtbare bunte Geist

Ghost...

Der Junge mit dem roten Ballon

Ich versteh' es jetzt,
Glück kommt, wenn man es gehen lässt.
Ich sehe es...
Darum schließe ich meine Augen und lass'
einfach los...
Ich liebe bunt!

Gewalt, Krieg und Frieden

Schüsse fallen

Kinder der Straße

Tränen fallen
Schüsse hallen
Das Verbrecherviertel zerbricht
in tausend Ballen
Die Angst
erstickt den Atem
so schnell
Jede Nacht
wirkt finster, und ist doch
so grell!

Die Augen des Mädchens
die vor Trauer glühen
Ein Kind
das den Schmerz erspürt
Sie ist ein Kind der Straße!
KEINER hat sie gefragt, was sie
wirklich will
Hoffnung schwindet
leise, still!
Der Wind so
still!

Die Zeit steht
still!
Man drückte ihr diese
Waffe in die Hand!
Erzählte ihr: „Schütze deine Heimat
schütze das Familienband!"
Welche Familie?
Sie hat's erkannt!

       Rechts die Cops
links das pure Chaos!
    Schüsse fallen!
   Duck dich, schnell !!!
   Die Straßen sind dreckig
    das Kugellicht so grell!
Gangster ziehen durch die Nacht
Kein Gesetz, das hier vorher hat gewacht!

Die Hände kalt, die Augen
müde aber immer wach
Die Gefahr ist immer da
Flüstern hört man
hinter der Wand
     (Peng)
Rote Flecken
wo ein Mann vorher
noch stand!

Doch in diesem Dunkelmeer
Träumt man oft von Frieden, mehr
Ein Ort, wo
keine Schüsse fallen
Wo wir frei und
sicher sind
Frieden...
Da ist man noch
ein Kind!

Morgenlicht durchbricht die Nacht
Zeigt, dass Hoffnung niemals flacht
Die Waffen niedersanken
das Mädchen überlebte
die Polizei holte sie heraus!
Raus aus diesem hohen Haus!

Hinein in ein
besseres Leben
Sie hat nie die
Hoffnung aufgegeben!
Gemeinsam stark, das Ziel
immer im Blick
Finden wir zum Frieden...
Hoffentlich
Stück für Stück...

KEINE Schüsse fallen!

#bootart
@der_bunte_bleistift

Liebe und Loyalität sind stärker als Blut

Das Mädchen und der Soldat

(Ich hatte wieder mal einen Traum)
Kannst du mir erklären
was Liebe ist?
Ich mag so dieses Wort, weil ich hoffe
dass es für ewig ist.
Doch ewig ist ein viel zu großes Wort.
Aber Ewigkeit klingt irgendwie so schön...
Nein, ich glaube ich check' die Liebe nicht...
Ist aber okay...

(Ich liebe mich)

Ist LIEBE echt?
Wenn es schmeckt so wie
Regen, Sonne, Sand und Dreck?
Wenn aber nur eins fehlt
dann wäre diese Liebe schlecht!
Ist Liebe für immer?
Für immer
ist aber noch viel zu lange hin, um zu sagen
dass wir so bleiben
wie wir sind
Kann man Liebe verlieren?
Doch was man verliert
ist woanders ein Gewinn

Woanders ist aber für viele
viel zu weit entfernt...
und wer ANDERES ist niemals der
wer du bist!
Jeden Abend schlendern durch die Straßen
find' ich dich?
Nein, ich glaub ich check' die Liebe nicht...
Ist aber okay...

(Ich liebe nichts)

Mein voller Kopf
mit vielen BUNTEN Farben,
doch wieder mal ein leeres Bild
Dann schließe ich meine Augen und
PLÖTZLICH, ich sehe es!
Warum rennt man überhaupt
vor dem Regen weg?
Weil nur ein Feigling jemanden
im Regen stehen lässt!
Ich versteh' es jetzt!
Glück kommt
wenn du es gehen lässt

(Ich hab dich gefunden)

Ich brauch' mich nicht mehr verstecken
wo du mich nicht findest
weil ich weiß
dass du mich auch so vermisst...
Du hast trotzdem ein Bild von mir
damit du mich nie vergisst!
Und unsere gemeinsamen Jahre wie im Flug...
Vorher, da hab ich es nie wirklich

27

zu verstehen versucht...
Ich weiß aber jetzt:
LIEBE braucht keine Traumfrau
richtigen Zeitpunkt!
LIEBE braucht Mut!
Denn **Liebe** und **Loyalität** sind stärker als Blut!

Und egal
was sie sagen
ich weiß
du wirst auf mich warten
Ich finde dich

(irgendwann)

Dann wirst du meine Hände halten
weil ich vielleicht deine
in diesem Moment nicht halten kann!

Ich würde dir
dies alles gern sagen
doch meine Stimme bricht...
Sowas wie...

(Ich liebe dich)

@ der_bunte_bleistift

Mein stiller Freund und ein Kämpfer

Der Kamerad

Ich kenne dich, da warst du noch KLEIN
und ein Welpe.
Ich war auch mal KLEIN. JA!!
Das ist eigentlich dasselbe!
Du kamst in mein Leben.
Zu dieser Zeit in mir, ein BEBEN!
Du warst da, Liebe auf den ersten Blick!

Deine blauen Augen, oh ich kenne diesen Blick!
Aber das ist kein Trick!
Da passt auch kein Wahnsinn rein...
Wenn ich gehe, dann willst du immer mit
Doch es geht nicht immer
und ich weiß du wirst auf mich warten
Daheim, in unserem Rosengarten

So wie du kennt mich keiner!
Nicht mal im Ansatz...
Du weißt, ich bin anders
weil ich niemanden richtig an mich rann' lass'.
Vielleicht, weil ich Angst hab?

Ich wollte schon immer einen Freund
so wie du es für mich bist!
Keine Leute, mit Schleim und Eigenmist
-(nutz)!
Ich wollte Brüder...
Keine Freunde, die nur „**Bruder**" sagen
und falsch sind in ihren Taten!
Und eigentlich haben wir keine Feinde...
Aber ich weiß auch
dass ich das nicht selbst entscheide

Wir haben viel erlebt.
Sind zusammen gereist in ferne
gefährliche Länder
Da wollten sie auf mich schießen
du warst mein Anker, meine Rettung!
Du kamst zu mir, ohne Angst, ohne Hemmung!
Begann' Taten, um andere und uns zu schützen
Hoffe Gott kann das verzeih'n
Hör' du auf, mir zu VERZEIH'N!!!
Für dich war es nicht einfach...
Du hast hart gekämpft und mich beschützt,
das passt so gut zu diesem REIM...

Doch wir haben beide entschieden
diesen Weg zu gehen, denn es ist zu spät
um einfach umzudrehen!
Man wollte uns mit Medaillen und Orden ehren
aber stehen lieber abseits vom Rampenlicht!
Was ist mehr wert?
Unsere FREUNDSCHAFT!
Auf dass sie niemals erlischt oder bricht!

Ich möchte, dass du weißt
egal was passiert
aber Hauptsache du bleibst!

UN.VERWUNDBAR

Ein Soldat mit seiner Familie und die Stärke der Liebe

Verwundbar
sind sie Herz und Sinn
in harter Zeit
wenn Kriege beginnen

Ein Soldat:
„Der Menschlichkeit verpflichtet.“

Überall
auch in aller größter Not
steht man sich bei
bis in den Tod!

Auf dem Schlachtfeld
steht der tapfere Soldat
gekleidet in Rüstung
doch die Seele
die ist nackt
Die Wunden, sichtbar
und unsichtbar
die er mit sich trägt.
Daheim
die Familie wartet

die sein Herz bewegt!
In der Liebe
seiner Familie
sucht er Trost!
Gott ist sein Zeuge
er hat nie aufgehört
sie zu lieben
und die ganzen Dämonen
sind sie vertrieben?
Doch die Liebe seiner Familie
gibt ihm Halt
Und er hört in der Ferne:
„Papa Papa, sehen wir und bald?"

Die Schlacht ist vorüber...
So endet das Lied des Krieges
in Schweigen
Im Hauch des Windes
der die Geschichten
jedes einzelnen Soldat
fortträgt!
Die *Un.verwundbarkeit*
ein schmerzlicher Tanz
Im Tanz
der Schlachten, der Schlachten
für Frieden
nur da die Seele überlebt!

Der Soldat kehrt zurück in die Heimat
die Kinder lachen
die Frau hält ihn fest
Die echte Stärke
Liegt in der *Un.verwundbarkeit*
der Liebe
So erkennt er jetzt!

Die Wärme der Liebe heilt
jede Wunde!
Un.verwundbar ist die Liebe
die ihn umgibt
Im Schutz der Familie findet der Soldat
seinen Frieden!"

Beitrag zum 17. Kunstwettbewerb der Bundeswehr in Berlin

@der_bunte_bleistift

Krieg und Frieden

Fern das Land, das ich
einst mein Eigen nannte
Wo Frieden in den Hügeln leise schlief
Jetzt weht der Wind durch Felder
die verbrannten
Die Zeit des Krieges bringt den tiefsten
Schmerz

Heimweh zieht durch jede Nacht
In Träumen seh' ich Bäche rauschen
Die Kindheit, die mich mild bewacht
Doch Schüsse lassen Herzen lauschen

Wo ist der Friede
der einst hier war?
Im Schatten der Gewalt ertrunken
Die Welt war klar
die Welt war nah
Nun liegt sie fern
in Trümmern unversunken.

Und doch
im Herzen bleibt ein Licht
Es brennt für all das alte Leben
Für Hoffnung
dass der Sturm zerbricht
Dass Frieden sich erneut wird heben

Doch bis dahin
in fernem Land
Verblasst die Zeit wie Nebel
im Schweigen
Ich halte Heimat fest in meiner Hand
Und warte auf diesen Tag

Heimweh

The Legend of Bob Marley

Die Legende von Bob Marley

Ein Sänger, ein Kämpfer, ein Licht
In Zeiten der Dunkelheit, Hoffnung er spricht
Reggae sein Herz, sein Klang die Welt
Die Botschaft von Freiheit, die alles erhellt

Mit Dreadlocks und Gitarre, so stark, so frei
Sein Geist lebt weiter, die Zeit zieht vorbei
Bob Marley, ein Name, der ewig bleibt
Ein Feuer der Liebe, das niemand vertreibt

Die große Schlafmann-Serie

Der Schlafmann und seine Freunde sind fast allen Deutschen aus ihrer Kindheit in Ost und West geläufig, allerdings sind sowohl ihre Abbildungen als auch ihre Namen durch das Markenrecht geschützt, die eine weiterreichende künstlerische Gestaltung durch die entsprechenden Sendeanstalten genehmigungspflichtig machen, diese jedoch leider verweigert wurden. Daher haben wir uns entschlossen, die entsprechenden Zeichnungen zu entfernen und die einschlägigen Namen zu ändern. Die Leser werden ihre Kindheitslieblinge aber wahrscheinlich trotzdem erkennen.

Schlafmann, lieber Schlafmann...

Ja
jeder kennt sie, diese
Zeilen!
Egal, ob nun Groß
oder Klein!
Vor nun fast 65 Jahren
Uiii darf ich das so
sagen?
Du wurdest im
schönen
November 1959
in der DDR geboren
Deine Aufgabe
den Kindern den
Abendgruß zu
bescheren, ja
das hast Du damals
dem alten Honecker
geschworen!

30 Jahre später, ja
da gab's auch schon
den schwarzen Peter
1989
die Berliner Mauer
bebt

Ja, du hast auch die
Wende überlebt!
Warst den
Kinderlieblingen
des Westens zum
TROTZ
trotzdem immer noch
da
wie wunderbar.

Und heute erfreust du
die ganze
Bundesrepublik!
Zusammen mit
wer kennt sie nicht?
Mit Elster,
Nassgeistlein,
Koboldhörnchen
und natürlich dem
alten Fuchs!

Wer kennt es nicht
nach dem
Abendgruß...
Du den Sand aus
deinem Sack

zu uns ins
Wohnzimmer
zerstreust
und wer nicht
mit den Händen die
Augen zuhält?
Kindheitserinnerungen

Das machst du jetzt
schon so lange
Aber wer hat dir denn
schon mal
eine Geschichte
erzählt?

KEINER,
NIEMAND!!!!!
Und deshalb erzähl'
ich dir diese
Geschichte
Deine
Lebensgeschichte
Ja genau, du bist mein
Kindheitsheld!

Schön, so in
Erinnerungen zu
schweifen!!!

Fuchs und Elster

Der Fuchs im Wald,
so schlau und weise
läuft auf leisen,
sanften Pfoten leise
Rot das Fell
und ruhig sein Blick,
kennt er
den ganzen
Märchenwald
und jeden Trick

Doch Elster,
flink und mit Perlen
Glanz, bunter,
zwitschert frech und
plappert munter
Schwarz und weiß im
Federkleid
voller Neugier, stets
bereit

„Fuchs, mein Lieber,
hör mir zu
du brauchst doch
Glanz und etwas
Schuh!"

Der Fuchs nur
schmunzelt, denkt sich
viel,
denn Ruhm und Glanz
sind nicht sein Stil

Doch wie die zwei so
zanken, streiten,
lachen, plaudern, sich
begleiten,
da wird klar,
sie passen zusammen,
können nie alleine sein

So leben sie im
Märchenwald -
das ungleiche Paar
Fuchs und Elster -
die zwei zusammen
wunderbar!
Freundschaft zählt, das
wissen sie,
in ihrer kleinen
Harmonie

Schnatterentchen

Das „Schnattchen"
liebevoll von den
anderen Bewohnern
des Märchewaldes
genannt
ist sie im ganzen Wald
für ihr
Geschnatter bekannt!

Schnatter, schnatter
kleines Wesen
mit dem Schnabel
immer
ganz flink gewesen
Trippelt munter durch
das Märchenland
mit ihrem Freund
Koboldhörnchen an
ihrer Hand

Gelbes Federkleid so
fein
frech und klug
doch stets gemein -
Nein! Nur manchmal
neckt sie eben
sorgt für Kinderlachen
und fürs Leben

Ob sie schimpft
ob sie lacht
immer wird nur Spaß
gemacht
Schnatterentchen
stets dabei
eine Ente voller Treu'

Nassgeistlein, das kleine Wasserwesen

Und es hat Nassgeistlein gemacht

Nassgeistlein im
Wasser
rund und klein
mag am liebsten lustig
sein
Planscht und spritzt
und blubbert laut
wird von seinem
Freund
dem Küken manchmal
ganz verwundert
angeschaut

Mit großen Augen
fröhlich rund
taucht er ab
im kühlen Grund
Frösche, Fische
alle lieben
Nassgeistlein
den Freund

den sanft die Wellen
trieben

Er rollt und tollt
und plantscht herum,
nie ist Nassgeistlein so
wirklich stumm
Im Wasserreich ist er
der Star
klein und frech und
wunderbar

Und wenn der Mond
die Nacht erhellt
taucht Nassgeistlein ab
in seine Welt
Leise gluckst es,
flüstert weich
Nassgeistlein, der
Kleine, ruht
in seinem Teich!

Koboldhörnchen

der kleine Kobold

Koboldhörnchen, der
kleine Wicht
mit kugelrundem
Kobold-Gesicht
Frech und listig
stets bereit
zu jedem Spaß
und jedem Streit

„Ach, du meine
Nase!", ruft er laut
wenn er einen Streich
gebaut
Doch tief im Herzen
ist er gut
und bringt seine
Freunde niemals in
Wut!

Mit Schnatterentchen
an seiner Seite
geht er los zur
Kobold-Meute
Psst, leise jetzt, der
Tag ist aus
Koboldhörnchen geht
bald wieder nach Haus

Schwarz und klein
mit Wuschelhaar,
bleibt uns
Koboldhörnchen
ganz nah
der kleine Freund
für Groß und Klein –
Ach, du meine Nase
wie ist das für alle
in der Republik
und drüber hinaus
doch fein!

Schlafmann - RELOADED

Im Dialog mit der_bunte_bleistift

Schlafmann, lieber Schlafmann...

Gib' mir nur ein Sack Schlafsand und ich schicke alle träumen und schlafen, denn ich bin DER SCHLAFMANN!
der bunte bleistift, was hast du vor, ich bin immer am Start! Ich brauche kein Comeback?

der bunte bleistift:

JA, du tust hier so auf cool...
Jeder kennt dich...
Alle reden sie über dich...
Aber kennt man dich wirklich?

Schlafmann:

Okay...
Meine Heimat ist Ost-Berlin.
Erschaffen damals in einer DDR
Unrechtsdiktatur... (Wo?)

Hoch oben, das höchste Gebäude Deutschlands,
nicht dieser Welt... Der Fernsehturm spiegelt,
doch damals, ich erkannte mich nicht selbst!
Dreharbeiten... Dann kam der Hype!
Goldene Sterne... Aber die Wände Grau!
Betäubte Sinne... Wie als wäre ich selbst in
einem Traum!

Ausgestrahlt wurde immer vor Acht,
die Sendung ging auch nie bis Mitternacht!
Hinter Stacheldraht...hoher
Zaun...NEIN...NIEMAND, auch ich konnte
nicht einfach mal so abhau'n! Jeder macht
Fehler! JA, aber auch ich habe den Mauerfall 89
überlebt!

der bunte bleistift:

Und heute?
Was ist eigentlich deine Absicht? Jeden Tag hast
du Nachtschicht... Du schläfst nicht!

Schlafmann:

Vielleicht seht ihr keinen Sinn mehr dahinter...
Aber ich gebe weiter alles, für eure Kinder!
Ich wollte nie der beste sein, gebe weiter
Power...
Am Ende fehlte leider den Anderen die
Ausdauer!
(Sorry WEST-Schlafmännchen)
Jeden Tag Nachtschicht,
doch ich denke nicht an morgen!

Ich komme mit Schlafsand,
aber ich gehe mit nichts...
Ja, ich helfe den Kids!
Sie können besser schlafen durch mich.
Nein, nie habe ich deswegen gelogen, oder
betrogen...
Nein, der Sand, dass sind keine Drogen!
Es ist ein MYTHOS.
Ein Mythos, der Kinderaugen erhellt.

Ich glaube, ich bin ein Kindheitsheld!
KEIN Promi...
Ist es nicht das, was zählt?
Aber ich brauche meine guten Taten nicht
erwähnen, damit es ALLE sehen!
(Das macht auch heute noch das Fernsehen!)

Der Schlafmann ist tot

Der Fall des toten Schlafmanns

Es war ein Abend,
sternenklar
doch etwas war nicht
wie es war
Der Märchenwald so
finster und so still
Kinder wälzten sich
ins Kissen
fanden keinen Schlaf
was niemandem gefiel
Der Schlafmann kam
nicht
blieb heut fort
und ließ zurück nur
einen stillen Ort

Koboldhörnchen, der
kleine Wicht
staunte nur und traute
nicht
„Ach du meine Nase,
wo ist er bloß hin?
Das klär ich jetzt

da steckt was
mysteriöses drin!
- Das kannste
glauben!"

Mit Schnatterentchen
an der Hand, ging's los
fort vom Märchenwald
zum großen
Traumsandland
Doch dort lag nichts
nur Sand und Stein
wo mag der Freund
der Schlafmann nur
sein?

Da fanden sie ein
kleines Haar
gold und glänzend
- Eine Spur, wie
wunderbar
„Ein Hinweis!" rief
der Kobold laut

„Das wird hier ganz
genau durchschaut!“

Sie folgten Spuren,
leise, schlau
durch nächtlich-
schwarzen
Traumsandtau
Und bald – was fanden
sie im Tann?
Ein Sandhäufchen
vom vermissten
Schlafmann

Doch
Koboldhörnchen ließ
nicht locker, nein
er musste wissen:
„Wer war hier wohl
gemein?“
Im Mondlicht sah er
eine weitere Spur
sie führte tief in den
Märchenflur

Am Ende dann
– wer hätte es gedacht
kam heraus, was
niemand dacht:
Der Schlafmann
schlief
ganz tief und fest

der Mond gab allen
Licht
- er war erschöpft
von der letzten Schicht

„Er ist nicht tot!“ rief
Hörnchen froh
„Er ist nur erschöpft,
das ist nun so
Der Schlafmann lebt
nur müde ist er
drum ruh er aus
so wie "Mister
Sandman.“

So werde ich wohl
diese Schicht
übernehmen
Schlafmanns Sandsack
auf meine Schulter
heben
und nun auf
zurück in den
Märchenwald gehen

Und Koboldhörnchen
zog nach der Schicht
heim zur Ruh
nun wusste er:
Die Nacht macht zu
Mit einem Lächeln
schlief er ein

vom Schlafmann sanft
bewacht allein...

Der Schlafmann ist
nicht Tod...

Detektiv
Koboldhörnchen
hat den Fall gelöst

Die Kramps-Serie

Eigentlich sollte hier anstelle von „Kramps" ein anderer Name erscheinen - doch auch dieser ist leider geschützt und darf hier nicht verwendet werden.
Daher der „Kramps".

Dieser Kramps ist als „Little Kramps" gewissermaßen eine Jugend- oder Kindheitsgeschichte des später so bösen Krampus. Hier ist er nur mürrisch, doch findet er Schönes - wie er später zum böse und gehörnten Krampus wurde, dem Begleiter des Nikolaus, das lassen wir einfach mal ungelöst in eurer Phantasie stehen.

Little Kramps

Kleiner Kramps im
großen Schnee!

Hoch oben im Berg,
wo die Winde laut
weh'n
lebte der kleine
Kramps, niemand
wollte ihn sehn.
Mit einem Fell so grau
und zerzaust
hatte er nur den Frost,
der ihn dauernd
umhaust.

Die Menschen im Tal,
sie sangen ihr Lied
doch der kleine
Kramps dachte:
„Das mag ich doch
nicht!
Warum dieses Lachen?
Warum dieses Licht?
Sie feiern und tanzen
– doch niemals mit mir
nicht!"

Seine Tage verbrachte
er mürrisch und still
doch tief in ihm
schlummerte, was er
nicht will:
Ein Funken von
Sehnsucht, versteckt
und verborgen
nach Liebe und Freude
und besseren Morgen.

Eines Nachts, als der
Schnee leise fiel
stand ein Kind vor
ihm, mit einem Spiel.
Martha...
„Komm, kleiner
Kramps, du kannst mit
uns lachen
auch du kannst das
Herz eines Freundes
entfachen!"

Der kleine Kramps
zögerte, brummte und
knurrte
doch etwas in ihm, das
leise empörte
flüsterte: „Geh, du
hast nichts zu verlieren
vielleicht kannst auch
du die Wärme
verspüren."

Er nahm ihren Ball,
warf ihn zurück
und plötzlich fühlte er
– ein kleines Stück
Glück.
Die Menschen lachten
fröhlich, sie holten ihn
rein
und sagten:
„Kleiner Kramps, du
gehörst zu uns, das
muss so sein!"

Von diesem Moment
war er nie mehr
allein...
Das Herz des kleinen
Kramps begann zu
gedeih'n.
Im großen Schnee, so
kalt und klar
fand ein kleiner
Kramps, was verloren
war.
Liebe...

@der_bunte_bleistift

Heeeee Leute, hier ist nochmal der Kramps!
Ich muss euch noch erzählen
wie es im eisigen Winter um mich stand
ich die Liebe zu Martha fand!

Das Herz des Kramps erblüht

Im Schatten der Berge,
so kalt und allein
lebte der Kramps,
voller Bitterkeit
sein Gemüt wie ein
Stein.
Sein Herz war
verschlossen, so klein
und verhärtet.
Doch ahnte er nicht,
was der Winter für ihn
gestartet.

Im Dorf, wo die
Lichter erglüh'n
war sie so strahlend,
wie Sterne verzieh'n.
Martha...
Ihr Lachen, ein Lied,
das durch Nebel sich
brach

und selbst in der Ferne
sein Dunkel zerbrach.

„Die Liebe?", er
knurrte:
„Für Narren gemacht!
Mein Herz bleibt in
Frost, wie die kälteste
Nacht!"
Doch als sie ihn sah
mit den Augen so
klar...
Spürte er plötzlich,
was fehlte,
Liebe...
Die war nah.

Sie lächelte sanft, als
sie näher zu ihm trat:
„Du bist nicht allein,"
war das, was sie ihm zu
Raten bat.

„Im Schnee deiner
Seele, tief unterm
Gestein
schläft ein Funken, ein
Feuer
es möchte endlich aus
dir gedeih'n."

Er murrte, er
brummte, doch etwas
geschah:
Ihr Licht machte seine
Seele weich
die so hart wie ein
Stein einst war.
Der Winter begann
den Kramps mit
Wärme zu füllen.
Ein Herz, das erwacht,
neue Träume
enthüllen.

Sie tanzten im
Mondschein, im
Schnee, Hand in
Hand.

Ihr Lächeln
verwandelte Schatten
in Licht
und sie zogen
gemeinsam durchs
Land!
Und so fand der
Kramps, was ihm
Liebe verlieh.
In der Kälte des
Winters, ein ewiges
„Wir".

Nein, so endete das
Märchen nicht
von der frostigen
Nacht!
In der Liebe den
Kramps
zum Menschen
gemacht!
Sein Herz, es erblühte
wo Einsamkeit ruhte.
Das Märchen beginnt:

Das Herz des Kramps
erblüht!

Zwischen den Zeilen

Das Mädchen KLEIN-BELLA mit ihrem roten UMBRELLA

Ich muss euch eine Geschichte erzählen.
Ich hatte wieder mal einen Traum…
Wann?
Oh ich muss mal überlegen, ich weiß es nicht
mehr, aber es ist noch nicht allzu lange her.

Es regnete, ich ging auf einem Weg spazieren.
Was jetzt kommt:
Es musste wohl so passieren.
Da sah ich ein kleines Mädchen am Wegesrand
sitzen.

Ich kniete mich neben sie und stellte mich als
der bunte bleistift vor und fragte nach ihrem
Namen und ob sie
Schmerzen habe, weil sie weinte,
was sie aber verneinte und sie meinte:
"Oh, es ist nur so dunkel, nass und kalt, ich bin
KLEIN-**Bella,** mein Regenschirm ist nur so
grau und so alt! Ich kriege ihn einfach nicht
mehr auf!"

Ich überlegte und sagte:
"Gib mir mal bitte deinen alten grauen
Regenschirm, ich werde mal mein Glück
probieren! Oh, er ist tatsächlich etwas grau,
WARTE...
Ich verleihe ihn wieder etwas FARBE!"

Ich holte einen roten Stift hervor,
(und bemalte den grauen Regenschirm).
Plötzlich stieg der Schirm empor, und er sagte:
"Oh welch' ein Dank,
ist es euch beiden eigentlich schon bekannt?
(Und) dazu muss man nicht mal zu Alice nach
WUNDERLAND!! Ich war alt, grau und krank,
konnt' es nicht ertragen...
Wusstet ihr,
ich kann den Regen zu einem Bogen biegen in
vielen **Bunten** Farben! Komm', ich zeig's euch
als großen Dank!"
Ich sah wie Klein-**Bella**
freudig aufsprang.

Und der rote Regenschirm spannte sich auf und
tatsächlich:
Der Regen bog sich zu einem wunderschönen
bunten Regenbogen zusammen.
..."Oh wie schön."...
Und Klein-**Bella** bot mir an:
„Komm **bunter bleistift,** gehen wir doch das
letzte Stück Weg zusammen."
Und so gingen wir das letzte Stück zusammen,
während sie immer wieder freudig mit ihrem

roten Um**BRELLA** hin und her sprang!
(Traumende)

Und die Moral von der Kurzgeschicht:
"Jede Kunst ZEICHNET sich durch eine
bestimmte ART der Organisation aus, die Leere
in uns mit BUNTEN FARBEN zu füllen."

Der CLOWN und seine Ängste

Jeder kennt ihn
Er ist dafür bekannt
Spaß und Unsinn zu machen
und bringt dabei jeden zum lachen
Dabei erntet er viel Applaus
Doch hat sich überhaupt schon mal
jemand gefragt
wie sieht es eigentlich in ihm
tief im Herzen aus?

Abseits von der Showbühne...
Da geht er meist ins Grüne
Denn er möchte mit seinem Ruhm nicht prahlen
...
Draußen..
Blätter fallen...
Auf der Bühne
ja da läuft der Beat
doch in seinem Kopf
da ist Krieg!

Seine
KUNST
ist für ihn schon längst mehr kein Spiel
dafür blutete er schon viel zu viel
Und dann musste er plötzlich
anfangen zu weinen

Er musste daran denken:

"Niemand weiß eigentlich Ansatzweise
wer ich bin?
So viele Bühnenauftritte
bunte Farben..
LICHTERTAGE...
Kann sie nicht vergessen
Versuch' Leute zum lachen zu bringen
doch wie ist es eigentlich
selbst zu lachen?
(Was für eine Ironie)
Ich selbst
stehe im SCHATTEN!"

Meine Schminke
rote Nase

nur eine Tarnung

Die Hautblässe

schön verdeckt
diese entstand
in nicht so bunten Zeiten
wo man mich hat
sehr böse befleckt
Kennt ihr das?
Wenn man Ängste hat?
Ängste hat
wieder zu vertrau'n?
Trotzdem spiel' ich
weiter den Clown...

Ich brauche

keinen

Ruhm
Schweizer Rolex
Geld
Diamanten oder ne
Villa
Das

ALLES

ist mir gar nichts Wert...

Mir reicht ein kleines Zimmer
und wer bringt mich denn mal
zum Lachen?
Das ist was mich ehrt!
"Ich kann schon lange nicht mehr richtig
schlafen
selbst lachen
wie kann ich es nur schaffen?"

Dann stand plötzlich
KLEIN-*Bella*
mit ihrem roten Um*brella*
vor ihm und frug:
"Warum weinst du denn?
Möchtest du sehen
wie auch ich Clown sein kann??"
Klein-*Bella* öffnete ihren roten Regenschirm
und machte dabei einen Purzelbaum
Und plötzlich lächelte der Clown
es erfüllte sich sein größter Traum!

Er war zu Tränen gerührt
Das er nun endlich selbst
                "lachen und Freude"
verspürt

        "Danke KLEIN-*Bella*
        du hast mir gezeigt
    auch in dunkelsten Zeiten
    da kann man vertrau'n."

Und er machte nun selbst einen Purzelbaum

          *Vertrauen können
    ohne dabei Angst haben
        zu verlieren!*

Der Junge mit dem roten Ballon - Reloaded

Vergebung

(Ich erzähle euch eine Geschichte über einen
Jungen, der Vergebung sucht, aber nicht so
sucht wie ihr denkt)

Liebe...
Wenn man nicht weiß, was das heißt.
Es war eine harte, dunkle Zeit (für *ihn* 2022...)!

Er hätte alles getan *(für sie ...)*.
Er wäre gestorben *(für sie ...)*.
DAS ALLES hätte er getan...***FÜR SIE***
Doch DAS ALLES hätte *sie* nicht getan...
Und *sie* weiß es!

Was *sie* (anderen) sagte,
das hat doch alles keinen Sinn ergeben!
Er hat nie um was gebittet!
Trotzdem hat man gegen *ihn* ermittelt...
Sie war die HAUPTROLLE, drin in
irgendeinem Film,
und *er* war *ihr* böser GAUNER...
MITTEN DRIN!!!

Seine alten Narben tun noch immer weh.
Er war gefangen hinter Gitterstäben,

dem seelischen Gefängnis...
und *er* wusste, *sie* könnte ***ihm*** alles nehmen!
Er fühlte sich fremd in dieser Welt.
Diese Welt ist NICHT mehr für ***ihn*** gemacht!
Wie soll *er* je wieder vertrau'n
wenn man sich selbst nicht mehr vertrauen
kann?
Er bereut die Zeit ***mit ihr*** ...
Er bereut die Worte...
und ja vielleicht bereut *er* auch jetzt diese Worte,
die *er* gerade erzählt...

Er hat Vertrauensprobleme...
Kann *er* das Gesagte jemals wieder vergeben?
Sie wollte nie mehr mit ***ihm*** reden...
Er wollte *sie* nie wieder sehen...
Er musste gehen!
Er hatte Angst...
Sie hatte "Angst" vor ***ihm***, so sagte *sie*...
Er wurde hintergangen!
Vor euch stand ein gebrochener Mann!

Auch wenn ein ***dämonischer*** Teil von ***ihm sie***
immer noch verteidigt,
er versucht immer die Wahrheit zu sehen!
Er wusste nicht mehr wohin...
weil die Stimmen und Worte in ***ihm*** alles
durcheinander brachten!

Er hat lange geweint, musste lernen, wie man
wieder lacht.

So wie*"Der CLOWN und seine Ängste"* vom
bunten Bleistift kürzlich gezeichnet 2022 und
paar Seiten vorher erzählt...

Der Junge weiß nämlich auch so wie **der
CLOWN**, wenn man **Ängste** hat!
Weiß wie es ist, wenn man am Boden liegt,
zwischen Depressionen, vier Sitzungen und...
Suiz*d...
Auch wenn der Himmel nichts für **ihn** ist, so
glaubt **er** doch, jeder hier hat sein Stück.
**(Was auch immer im Himmel für dich ist, ich
glaube da oben ist auch Platz für** ...)
Ich hoffe, **er** kriegt nie wieder Angst!
(**F*ck love**)
Eins weiß ich...
Man muss sich selbst lieben,
damit man lieben kann!

Ich frage mich:

"Kann **der Junge** je vergeben?"
Dann sagte ich zu ihm...
"Und manchmal braucht's einen Neuanfang...
Vielleicht das man auch vergeben kann?"

Vergebung...

Vergebung
@der_bunte_bleistift
@der_bunte_bleistift

ME VS ME

Ich bin wieder wach
das Licht ist wieder an
ich denk' so oft an gestern
die Vergangenheit
ich denk' zu oft daran...
Ich kann nicht *mehr* schlafen
Gedanken, die im Kopf rum rasen
Mit Tempo 150...200...keine Luft zum atmen
Kick down durch die Nacht
was hat das aus mir gemacht?
Das Tempolimit übersteigt
mehr Gedanken
nichts positives, was übrig bleibt...

Ich schreibe und zeichne SOLO
war viel zu lange allein
höre "JOJO riddim Reggae Music"...
und immer wenn ich weine
schreib' ich immer noch eine Zeile...

Manchmal schreibe ich auch
deinen Namen auf ein weißes Blatt und
werfe es dann so weit weg wie ich kann!

Nur leider haben's **dämonen** mir weggefangen!
...ein Fluch...
...aber ich bin da, da wo du mich niemals suchst!

Doch ich f*ck auf diese Leute
(so wie dich)
mach' die Flasche nur noch auf
für gute alte Freunde...
Rauchwolken in der Stadt, ich bin so heiser
ich sehe die Sterne
Rauche, bis ich einschlafe
(Ich rauche zu viel)

Hallo **dämonen**
und so viele Leben sind schon in Trümmern
(ja)
als würde es da oben überhaupt jemanden
kümmern?
Schmerz auf der Seele
warum verengt's mir immer noch die Kehle?
Du bist, was du ha(s)st!
Und der Mensch in meinem Spiegelbild
war nie sehr beliebt
weil er immer der Gleiche geblieben ist...

Wollen hoch ins *Paradies*
aber nur ein Stern am Horizont
KEIN Weg führt da hin!
Man sagt doch immer GOTT ist GROSS,
Vielleicht hat auch Nietzsche Recht und
Gott ist tot?!

Sagen
"Ach komm', leg dich ins Zeug!“
doch am Ende legt man dich
wie Jesus aufs Kreuz...
Möchte so gerne, wie er
über Wasser gehen
doch keine übernatürliche Macht,
mir wurden Steine
in den Weg gelegt
Hab nur'n paar Steine... (und versinke)
Und du bist nicht auf dem Sprung
*F*ck,* wir bleiben nicht für ewig jung!

Mit manchen Aussagen hier,
JA, ich weiß
in manchen Weltecken problematisch
Aber eine Perspektive?
Gar keine
ja dann werden wir eben
Staatsfeinde...

***Nicht immer ist es einfach
einfach loszulassen...***

Der Teufel trägt Prada

Ja, das Dichten hat mein Interesse geweckt,
doch hier noch lange keinen neuen Dichter,
Denker oder Poeten entdeckt

Denn ich bin kein Fan von gespieltem Theater
Ich male lieber Wörter in vielen bunten Farben
Ich bringe dich auch nicht zu
Schweizer Rolex, Gucci oder Prada...

Das ist es mir alles nicht wert
Wenn du Glück hast, bringe ich dich zu meinem
Rosengarten,
ist es das,
was dich ehrt?

Ja, ich sehe es in ihren Augen, sie ist geblendet
Doch Vorsicht, bevor es endet!

Sagt man, dass ich von Kunst nix versteh'
So lass' ich einen bunten Teller
fallen und die Scherben sehen trotzdem aus
wie ein PICASSO-PORTRÄT

Es gibt überall Dämonen, mit Hass in den
Augen,
doch stehen wir drüber, sie können es nicht
glauben

Und der Teufel zielt mit einer Waffe auf mein
Herz.
Doch wer von uns beiden schießt zuerst?

Der Teufel trägt Prada und ich, ich trage BUNT
...

Dämonen *im Kopf*

ALLE ALLE
KOMMT...
ALLE...
KOMMT....

Traut euch...

(haha)

Ich stelle mich euch

Dämonen

Ich bin nicht so wie ihr!

Das, was ich jetzt sage, ist die

WAHRHEIT...

Denn das, was ich jetzt sage, nennt man

KÜNSTLERFREIHEIT...

Meine Gedanken mit euch zu teilen
ich bin bereit!

Ja merkt euch...

NICHT

jeder meint es gut mit einem
Ja, es gab

FEINDE

die wollten einem schaden
Und nun sind die da, die

Dämonen

in meinem Kopf...
Nein, ich habe keinen Schaden!

Ja, vielleicht würde ich sie gern

ALLE

töten!
Ja, weil sie mich nicht mögen!
Ich würde gern auf sie

SCHIEßEN

doch stattdessen zeichne ich meine ganzen
negativen Gedanken auf ein Stück Papier
ich werde es so genießen!

Man hat nie um was gebittet!
Und trotzdem hat man gegen einen zu Unrecht
ermittelt!
Doch schwer war es trotzdem
Ich habe sowas nie erwartet, war so enttäuscht
erstaunt, weil:
wie willst du je wieder vertrau'n?

Doch ich habe es geschafft, aus eigener

KRAFT...

Weil ich mir sage, ich hab so viel erreicht
diese

NEIDER!

Ich bin da
wo sie noch nicht sind...
Ich bin da
wo sie mich niemals mehr wieder finden...

NIEMAND!

Und ich soll

hier

der Teufel sein?

(Der Teufel trägt Prada)

Und ja, das habe ich noch nie gemacht
Abschließen konnte ich bisher nie
Doch ich muss mich diesen

Dämonen

stellen
und drum' bring' ich es mit
Wort und Bild zu Papier!
Anschließend zerreiße ich diese hässliche Fratze durch

VIER!

Und ja, das habe ich noch nie gemacht...

RAUS

mit euch
aus meinem Kopf!

Ich kämpfe gegen diese Ungeheuer an
Ich habe keine Angst...
Ich f*ck sie

ALLE...

Kommt ihr nur ...

ALLE...ALLE...

Ihr seht mich nicht!

Ihr wisst nicht, dass ich gerade lach'
Was hattet ihr denn gedacht?
Ich lass' mich nicht verarschen ;)!

Und ich bin nicht so wie ihr
wolltet meinem Ruf schaden...
Wer von uns hat denn nun wirklich
hier den Schaden?!

Ich muss diese

Dämonen

nicht erwähnen

(Ich bin nicht so wie sie!)

SIE

wissen genau, dass ich
sie
meine, sollten
sie
das hier jemals sehen...

Ich wünsche meinen Feinden, meinen

Dämonen

nur das Beste
Aber pass' auf
was du dir wünschst...
Es kann sein
Wünsche werden wahr...

Dass ich auch solche Worte schreibe
hättet ihr das gedacht?
Doch manchmal
muss man sich auch so ausdrücken
um den

die

die ganzen

und seine eigene

wie in den hier
zusammenhängenden
fünf Gedichte/Kurzgeschichten
Ausdruck zu verleihen...

Schmerz

Wut

Tränen

Vergebung

Lebe, Liebe, Lache

Zusammen so wie Bonnie und Clyde

Unsere Seelen voller Narben
was will der Richter uns denn sagen?
Begannen skrupellose Taten
für Schweizer Rolex, bunte Farben...
                    (bunte Scheine)

Dafür sind wir im ganzen Lad bekannt
deshalb schlafen wir mit einer Waffe in der
Hand.
Bei uns in der Gegend
gehen die blauen Sirenen niemals aus
bleiben daher wach und beten zu Haus'.

Um uns herum andauernd GEWALT
                    (Trauer und Leid)
doch nehmen es in Kauf
denn die Wände im Gefängnis
sind nur KALT!

Wir haben Fehler gemacht
viel zu viele Sünden begang'
doch Lucifer sagt:
"Es ist ein Vertrag, den man niemals kündigen
kann..."

Ich weiß du liebst einen Gauner
doch schau' mir in die Augen   **(Kleines)**
Ich weiß das du mir vertraust, denn ich bin

anders.
Du gabst mir das Ja-Wort in der Bank
als wir umzingelt waren von lauter   **Polizei!**

Doch wirst du mich noch lieben
sind wir beide alt und grau?
JA, ich weiß es
du bleibst für immer meine Frau!
Wir Sind Bonnie und Clyde...

Ein Augenblick in der U-BAHN

Ich war in der Bahn und
wollte gerade aufsteh'n!
Du kamst, unsere Blicke trafen sich
die Zeit blieb dann irgendwie stehen!
Ich sah dich
Du warst eine Hundert von Zehn!

Was für eine Ironie...
Dein Lächeln
wie als hätte ich es gemalt...
Ich kannte dich noch nicht
doch dein Auftreten hat
so viel Liebe ausgestrahlt.

Ich kam mir so fremd vor
in dieser großen Stadt.
Mit dir irgendwie alles
so vertraut war.
Du standest immer noch vor mir mit deinem
langen schwarzen Haar...

Wir kamen ins Gespräch
"redeten" die ganze Fahrt.
Nein, ich spreche nämlich nicht
deine Sprache
aber ich liebe
deine Augenfarbe!

Du sprichst meine Sprache nicht
aber du verstehst mich.
Ja, dein Blick der verrät dich!
Wer hätte das gedacht?
Was hast du aus mir gemacht?

Da ist etwas besonderes an dir,
ich kann es nicht erklären. Dann
es ging alles ganz schnell...
Nächste Station
ich musste raus...
Die Bahn, sie war von Menschen voll...
Ich wollte noch
nach ihrem Namen fragen
und ihr meinen sagen!

Doch das Gedränge
war zu groß...
Ich war draußen und die Bahn
die fuhr los...

Der Anfang einer Liebesgeschichte
die keine war!
Kein Happy End...
Zumindest jetzt für diesen Moment!

Und für irgendwann später?
Ein Augenblick in der U-Bahn...
Ich weiß es nicht!
Zumindest für dieses Gedicht,
der Namensträger!

Deshalb male ich dieses Bild...
In der Hoffnung
du wirst es irgendwann sehen
diesen Augenblick festzuhalten!

(Doch ist diese Geschichte wirklich wahr?
Der Unterschied zwischen
Realität und
einem Traum!
Der Unterschied zwischen
einer Erfindung und
Faszination!
Ich lass' es in diesem Bild
in viele bunte Farben verschwimmen...
Und ich lass' euch
diese Geschichte
für euch ganz **ALLEIN** zu **ENDE** erzählen...)

Geschichtenerzähler...

Schwarz/Weiß, oder BUNT?

Was für Schwarz oder Weiß?
Liebe wen du willst
Alle Menschen sind gleich!
Alle Menschen sind gleich?
Das sieht nicht jeder so
Noch ist das die Minderheit
da bin ich froh!

Unsere Welt ist so Grau
Es bestimmen Krieg
Macht und Geld
zur Zeit unsere Welt
Doch ist nicht Glück und Freude
dass was zählt?

Ich versuche die Welt in Farben zu sehen
Doch ich sehe alles nur
Grau in Grau
Ich kann nicht vertrauen...
Zweifler...

DEUTSCHLAND:
In manchen Köpfen der Menschen
sie sehen die Farbe Blau
Blau die Hoffnung verspricht
Doch lasst euch nicht blenden
seid ihr etwa Farbenblind?

Grau in Blau
Schaut mal hinter die
AfD Fassade!
Seht ihr nicht die ganzen
Skandale?

Man ist Farbenblind
in jeder Hinsicht
Manche Farben möchte man sehen
manche nicht!
Farben ferner Länder
in unserem Land
VORURTEIL...
Doch vorurteilt diese bitte nicht!

Farbenblind...
Es ist Zeit
die Welt
wieder mit bunten Farben
zu befüllen
So fange ich als erstes an
das weiße Haus
ganz bunt
mit Graffiti zu besprühen
Davor, die Blumen blühen
Ironie...

Und in all dem, was hier passiert
stehst du vor mir
Hab' keine Angst
ich bleibe hier bei dir!
Nein, ich bin nicht Farbenblind

Nur deine Schönheit, die mich blendet
Unsere Liebe, dass sie niemals endet!

Im Gedicht fehlen noch sechs Zeilen
Okay, die werde ich jetzt freestylen...

Und ich reise zu Adam und Eva
Für dein goldenes Haar
stehle ich eine rote Rose
aus dem Garten Eden
Ich hoffe Gott
kann mir diese eine Sünde vergeben!

Mädchen am Strand (Teil 1)

Ich sitze alleine am Strand
Die Sonne scheint und
ich schließe meine Augen
Ich hatte wieder mal einen Traum...

Wie sehr wünscht ich mir
säßest du jetzt hier neben mir!

Ich sah dich, ich traf dich!
der_bunte_bleistift JE M'APELLE!
Du warst das schönste Mädchen dieser Stadt
und wir tanzten die ganze Nacht!
Deine Haut ist sonnengebrannt
mein Mädchen, barfuß am Strand!

Wir beide schauten hinauf in die Sternennacht
und schauen zu, was der Mond so macht!
Liegen bis 5 Uhr Morgens
auf meinem Autodach
Du hast dich verliebt, wer hätte das gedacht?
Draußen wird es wieder hell
oh, ich liebe deinen Duft
von Kokos und Karamell!

Du schaust mich an
und du lachst
Unsere Blicke trafen sich, was hast du
aus mir gemacht?
Ich habe mich verliebt

wer hätte das gedacht?

Ich will das du bleibst,
Im roten Bikini, du bist so heiß
Ich schau' in deine dunklen Augen
du bist kalt wie Eis!
Freaky girl...

Ich vermisse den Geschmack
von deinem Labello
Kannst du etwa meine Gedanken lesen?
Du küsst mich...
Deine Haut ist sonnengebrannt
Mein Mädchen, barfuß am Strand!

Und doch ist all das nur ein Traum
Kein Wunsch frei, keine Wunderlampe
Und ich wache wieder auf
Ich fühle mich hier trotzdem so Pudelwohl
Allein mit dieser Inspiration...
Meine Haut...aua...sie ist verbrannt
Und ich sitze hier alleine
der_bunte_bleistift, barfuß am Strand!

@der_bunte_bleistift

Mädchen am Strand (Teil 2)

Ein schöner Tag, ein schöner Traum
Nein, du bist noch nicht abgehau'n!

Wir beide zusammen bis in die Nacht!
Von Anfang bis Ende!
Habe ich mich verliebt?
Weil du bei mir bist
Mein beautifull Babe!

Doch du sagst:
"Ich bleibe nur diese eine Nacht
ein Teufel bleibt eben nur
bis zum nächsten Tag!"

Ich weiß, dass du lügst!
Es ist okay, dass du gehst!
Aber ich will, dass du weißt
dass du mir ein bisschen fehlst...

Falls du gehst und du weißt es:
Ich werde auf dich warten
komm' ich zeige dir alle Karten!
Sag' JA zu mir,
bist du nicht dafür hier?
Es tut ein bisschen weh...
Verbrannt!
(M)ein Mädchen
barfuß am Strand!

@der_bunte_bleistift

Mädchen am Strand (Teil 3)

Ein schöner Tag ein schöner Traum...
Warum bist du wieder hier?
Warum spielst du mit mir?

Ich weiß
in deinem Herz ist ein Beben
du weißt
ich würde für dich alles geben!

Hast du Angst, Angst verletzt zu werden?
Sind Gefühle dir zu viel?
Doch spürst du es?
Um uns herum steht die Zeit still!

Du fragst dich:
"Warum habe ich mich in ihn verliebt?
Ich dachte, dass es so etwas
für mich gar nicht mehr gibt.
Noch nie habe ich so geliebt!"

Mein African GIRL...
HAKUNA MATATA!!!
König der Löwen
doch nur du bist meine Königin!

Alles nur ein Traum?

@der_bunte_bleistift

@der_bunte_bleistift

Mädchen am Strand (Teil 4)

Mädchen am Strand
Wow, mit einer Waffe in der Hand!
Pass auf, sie ist gefährlich.
Du bist in ihren Blicken gefangen
und schon zieht sie dich in ihren Bann.
Bitte halte die Zeit an!

Ja du hast mir vertraut
Doch ich habe meine Seele verkauft...
Für eine gute Sache
nicht nur für Geld.
Damals wie berauscht
Doch nichts bereut
Bist du mir trotzdem treu?

Du bist so wie ich
Warum bist du so wie ich?
Ja, ich wische die Tränen aus deinem Gesicht
Bitte weine nicht!
Ich liebe dich!!!
Bitte weine nicht
bist du gegen mich?

Du sagst:
"Ich werde erst schießen und
dann über den Strand spazieren
Ich bin ja das Mädchen am Strand!"

Und plötzlich...PENG!

Sie drückt ab und
ich Falle zu Boden
Oh...Ich fühle mich mit dir doch gerade
wie neu geboren
Aber jetzt bin ich für dich gestorben!
Keine roten Rosen regnen...
Ich schau' hoch, in der Hoffnung
sie wird sich noch einmal umdreh'n
Nein, ich glaube
ich war zu nett
sie konnte nicht damit umgeh'n...

Das Mädchen
      spaziert über den Strand
            und verschwand...

Alles noch ein Traum...
Hat diese Story noch ein Happy End?

Mädchen am Strand (Teil 5)

Mein Mädchen am Strand
Warum setzt du meine Gefühle nur so in Brand?
Du liegst in meinem Armen
Und mir stockt der Atem

Ein Leben lang war ich allein
Ein Leben lang so einsam
Jetzt kann ich nicht mehr ohne dich sein!

Ich weiß, dieses Bild hier sagt was anderes
Ja, denn du kannst auch anders
Bad girl
Ich bin anders!
Du weißt es
Weil ich eigentlich nie jemandem
richtig an mich heran lass'!

Doch ich muss wieder gehen
Ich muss in den Osten
Du musst in den Norden
vielleicht ist mein Leben dir zu viel geworden?

Nein du hast das nicht verdient!
Wir beide wissen doch eigentlich genau
woran es liegt

Ich bin zu viel unterwegs
Du fragst wie lang
Es ist kompliziert
Bitte schau' mich nicht so an!

Eine Träne
Oh nein!
Jetzt fängst du wegen mir schon an zu weinen!
Ich wollte doch eigentlich nie der Grund
für deine Tränen sein?!

Es tut mir leid

Mädchen am Strand (Teil 6)

Mein Mädchen am Strand
du bist so heiß wie der Sand
Ist es die Sonne die so blendet?
Oder dein schönes Gesicht
Ich weiß es nicht!

Wir sind am Strand von Jamaika
Warum versteckst du dein Gesicht
mit deinem langem blonden Haar?

Ich liebe dich
In deinem Augen finde ich mein Glück
Jeder Blick von dir
Ein sanfter Augenblick
Dein Lächeln erhellt meine dunkle Nacht
Du bist der Traum, der mich glücklich macht
Mein Mädchen am Strand

Deine Nähe ist mein sicherer Hafen
In deinen Armen kann ich ruhig schlafen
Unsere Herzen schlagen im gleichen Takt
Für immer verbunden durch einen stillen Pakt

Liebe so rein
Liebe so stark
Mit dir zusammen
ist jeder Tag ein Geschenk
Liebe so zart

Ewig will ich bei dir sein
Denn ohne dich
wäre ich allein
Mein Mädchen am Strand

Du sahst mich
Und dein Gesicht wurde ganz rot
Du legtest dich neben mich
und flüsterst mir ins Ohr

...Oh nein, was sie sagte
das bleibt Geheim!

Mein caribbean girl

Mädchen am Strand (Teil 7)

Sie trägt weiße Nikes
Nein, keine weißen High Heels
Denn Absätze können brechen!
Sie sieht kein Nike Emblem
aber dafür blaue Flügel
und einen Bleistift
der niemals bricht!

Ja, ganz na an ihrer Brust
Sie weiß genau
worauf ich steh'
Sie weiß genau
dass ich dadurch
alle Worte hier verdreh'

Sie weiß
dass ich an sie denke
der_bunte_bleistift
Sonnenbrille auf!
Ja sie blendet, blendet
Ich seh' deine Bilder
doch ich like nicht
Vielleicht ist es mir peinlich?

Eine Insta Story
ohne dass ich dich erwähne
Aber du weißt doch ganz genau
dass ich dich damit meine
auch ohne dass ich das zeige
Du wirst mein größtes Geheimnis

Ja, bald kommt hier der Abspann
Ich schreibe dieses Gedicht für den Anfang
Das ist kein Gedicht für das Ende
Es ist unsterblich

Unsterblich ist
was uns vereint
Schau
Wie sich der Text hier komplett reimt
Auch wenn die Welt in Stille weint
Unsere Liebe hat stets in den
7 Teilen her überlebt
Du überzeugst mich
Ich sehe viele
aber keine sehe ich so wie dich!

Komm' mit mir und lass' mal einen dreh'n
Amsterdam, Dubai oder doch Marseille?

Der Globus dreht

Wir dreh'n ihn gemeinsam
wie einen Tanz
Sie dreht ihn ganz
Sie stoppt den Globus und dann
Sie zeigt mit dem Finger auf einem Ort
aber nicht auf Amsterdam!

(...8 Stunden später...)

Wir gehen zusammen am Strand spazieren
Dein Kuss so süß und doch so rau
entführst mich in die Liebeswelt
Ich höre ein Raunen
leise, ungenau
das meine Leidenschaft erhellt!

Sie fragt:
"Kommst du noch zu mir?"
Was wird als nächstes passieren?
Sie zwinkerte mir zu
Sie weiß ganz genau
was heute noch passiert
KEINE andere
außer Sie!

Mein caribbean girl

(Mein) Mädchen am Strand
- LOVESTORY ENDE -

@der_bunte_bleistift

Mädchen tanzt ALLEIN im Regen

In der Straße
regennass und grau
Ist ein Mädchen
mit Regenschirm
bunt und leicht
Tanzt sie
wild und frei
In der Nässe
ohne Scheu

Die Tropfen fallen
sacht und schwer
Doch ihr Herz
ist so heiter
Die Straße wird zum Ballsaal
Und sie dreht sich
im Kreis
und tanzt ...
Und die Regentropfen klatschen ...
wie ein Publikumsbeifall

Bunte Schirme
drehen sich im Kreis
Wie Farben
die den Himmel küssen
In diesem Tanz
so wunderbar
Wird selbst der Regen
zum Vergnügen

Durch Pfützen
springen, lachen, singen
KEIN Hindernis
nur Freude pur
In dieser Straße
regennass und bunt
Tanzt die Welt
im Rhythmus
der Natur.

... und sie dreht sich
im Kreis
und tanzt ...

@der_bunte_bleistift

Der KOSMONAUT
auf der Suche nach der himmlischen Blume...
KOSMOS ...

Gestern Nacht da hatte ich einen Traum
dazu musste ich aber in den Himmel schau'n.

Ich wäre gern ein Kosmonaut...
Ich würde fliegen die ganze Nacht
und schau'n, was der Mond so macht.

Ich bin hier oben nicht schwer,
(Ich bin schwerelos)
Hier oben ist es aber dunkel und so leer.

Doch dann kam ein Stern mit leuchten und
funkeln.
Er stellte sich mir als himmlische Blume vor...
Jetzt würde ich sehen im Dunkeln.
Ich schaue runter zur Erde...
(So vermeintlich still und friedlich)

Wie schnell doch da unten die Zeit vergeht...
Doch was **wiegt** hier oben schon eine Minute
wenn dich die Schwerelosigkeit für immer
schweben lässt?

Kleines Mädchen mit einem kleinen Finger am Klavier

Kleines Mädchen
Mein Kleines
Heute bist du Vier
Du bist hier bei mir
  spielst mit deinem kleinen Finger am Klavier

Und während du mit deinem kleinen Finger
am Klavier spielst
gerade noch deinen kleinen Teddy
mit einer Rose in den Händen hielst
Die Gedanken und Bilder,
Erinnerungen
die durch meinen Kopf zieh'n,
lausche ich deinen holprigen Melodien
Du bist hier bei mir
  spielst mit deinem kleinen Finger am Klavier

Kleines Mädchen
Doch beginnst du dich Schritt für Schritt
zu befrei'n
Diesen Weg gehen wir noch zusammen
doch den nächsten gehst du schon ganz allein
Aber keine Angst kleines Mädchen
noch sitzt du auf meinen Schoß
aber bald schon
dann bist du ganz groß
Du bist noch hier bei mir
  spielst mit deinem kleinen Finger am Klavier

Kleines Mädchen
Kinder sind uns ja nur
für eine kurze Zeit gelieh'n
und irgendwann groß
um alleine weiter zu zieh'n
Die Jahre vergeh'n
die Zeit fliegt dahin
Weiter zu zieh'n im Lebenskreis
das ist der Lebenssinn
Dich gehen zu lassen
ist die schwerste Lektion
Aber Geduld kleines Mädchen,
ich lerne ja schon

Bis dahin
bist du hier bei mir
Ich setz' dich auf meinen Schoß
Du spielst mit dem kleinen Finger
und ich?
  Ich spiele barfuß am Klavier

DER_BUNTE_BLEISTIFT

Im nächsten Leben wär' ich ein Pinguin

Im nächsten Leben
das weiß ich genau
Wär' ich ein Pinguin
treu und schlau.
Mit watschelnden Schritten durch Eis und Wind
Wo Freiheit und Kälte die besten Freunde sind.

Im schwarzen Frack
und weißem Bauch
Tauche ich tief
die See mein Hauch.
Gemeinsam in der Kolonie steh' ich dann
Ein Pinguinleben
– das wär' der Plan!

Blätter fallen

Ein Herbstgedicht

Blätter tanzen, leise, sacht
Herbstwind singt in stiller Nacht
Gold und Rot die im Winde schweben
verrostete Blätter
auf Kopfsteinpflaster
sie flüstern Abschied
aber träumen vom Leben

Nebel zieht durch die kühle Flur
Felder ruhen
schweigend die Uhr
Kalter Hauch im Morgenlicht
Herbst verspricht
doch Wärme hält er nicht

Vögel ziehen fern und weit
lassen uns in Einsamkeit
Doch im Blätterfallen, sanft und weich
ruht ein Traum vom Frühling gleich

Doch im Herbst, so kalt und klar
liegt der Neubeginn schon da

Blätter fallen

Leben, Lieben, Lachen

Leben heißt tanzen
im Sonnenstrahl
lachen mit Freunden
im bunten Saal
Lieben mit Herzen, die nie erlahmen
Momente genießen, die Freude entflammen

Kleine Abenteuer
die Welt erkunden
In jedem Lächeln
die Freude gefunden
Ein Hoch auf das Leben
so voller Glanz
Mit Liebe im Herzen
im fröhlichen Tanz.

Leben Lieben Lachen

Ulm und Bärlin

In und um Ulm herum
– der_bunte_bleistift 5 Jahre in Ulm

Stadt an der Donau

2019 ich ging nach Ulm
die Stadt
so reich an Glanz.
Im Schatten stehst du stolz und ganz.
Dein Münster ragt in Himmelshöh'n.
Ein Wahrzeichen, das kaum zu überseh'n.

Die Donau fließt
mal schnell
mal sacht
trägt Träume in der Mondennacht.
Die Gassen alt
die Brücken fein
Geschichte lebt in jedem Stein.

Doch auch
wo Licht
da fällt ein Schatten.
Nicht immer konntest du mich bring'n zum
lachen.
Der Wind
so rau
im Winter bläst.
Die Kälte manchem Herz verweht.

Die Menschen
verschlossen
oft reserviert.
Ein warmes Lächeln manchmal verliert.
Manch grauer Tag in Nebelschwaden.
Kann schwer das inn're Licht bewahren.

Doch Ulm
du lehrst mich Geduld und Ruh'.
Kein entkommen.
5 Jahre.
In dir fand ich mein inneres Du.

Fünf Jahre hab' ich hier verbracht
gelacht, geweint, gelernt, gedacht.
Obwohl du mich auch manches lehrtest schwer.
Bleibt Ulm ein Stück von mir
für immer sehr.
2024 ging ich fort
aber komm' nie wieder mehr.

- In und um Ulm herum

Bärlin

In alten Gassen,
wo Geschichte lebt
Die Mauern flüstern
was niemand versteht

Von Preußen stolz
zu Weimar
zur Nazimacht
zur Kristallnacht
Besetzung
Mauerbau und Abriss
Bärlin, du hast so viel mitgemacht!

Der Reichstag steht, ein Zeuge der Zeit, erzählt
von Krieg und Frieden
von Angst
von Streit

Die Straßen zeugen
von Glück
von Leid
Bärlin doch immer im Wandel, in ständiger Zeit

Die Mauer fiel 89
die Freiheit blühte
Die DDR, die verglühte
Ein Aufschrei der Menschen
Kreuzberg pulsiert, im neuen Gewand
wo Kulturen blühen
Hand in Hand
Vom Brandenburger Tor bis zur Spree
vom Spandauer Damm bis Grunewald

"Ick bin ein Berliner!"
In meinem Herzen ist es niemals kalt!

Im Trubel der Stadt
da spürt man den Beat
Von Straßenmusikern
bis zum Nachtlebens-Sweet
Die Zeit mag vergehen, doch eines bleibt klar:
Bärlin, du bist so wunderbar!

Das Leben hier, so bunt und wild
Bärlin, du bist ein ewiges Kind!

Bärlin LEBT!

Der Autor

D. Tonn wurde 2000 in Chemnitz geboren und wuchs auch dort auf. Nach der Schulzeit, FSJ, und der militärischen Grundausbildung zog er 2019 arbeitsmäßig nach Ulm in Baden-Württemberg, wo er 5 Jahre lang lebte.

Der Ort und die Menschen waren eine riesige Erfahrung für ihn, was ihn positiv wie negativ prägte.

Anfang 2024 verließ er Ulm für immer.

In jener Zeit entdeckte er sein künstlerisches und literarisches Talent wieder, was er mit selbst geschrieben Gedichten und Kurzgeschichten untermauerte.

Seit 2021 betreibt D. Tonn erfolgreich einen Social Media Kanal Namens
„@der_bunte_bleistift"
und veröffentlicht hier seine Zeichnungen und Gedichte.

Seit 2025 bezeichnet er sich auch als freier Autor mit dieser ersten Buchveröffentlichung.

Aktuell arbeitet D. Tonn an weiteren künstlerischen Projekten, sowie der Comic-Veröffentlichung *@lpcomic* zusammen mit seinen Bruder, die in Berlin stattfindet.

Auch eine weitere Buchvorstellung ist 2025 geplant...

---

der_ bunte_bleistift ist auch online aktiv!
„Folge mir auf
Instagram, Facebook, TikTok und **YouTube**
für spannende Updates, kreative Ideen und
mehr."